AF189366

Heidelberg

lieben lernen

Der perfekte Reiseführer für einen unvergesslichen Aufenthalt in Heidelberg inkl. Insider-Tipps und Packliste

Jule Waldstädt

✈ INHALT

Das erwartet Sie in diesem Buch...

E ine interessante und geheimnisvolle Tour bringt Sie durch die historische Altstadt Heidelberg. Bei dieser spannenden Reise geht es über verschiedenste Brücken durch die wunderschöne Stadtmitte bis hin zum Schloss. Die vielen Sehenswürdigkeiten der Stadt machen Heidelberg so interessant, da es diese Naturschönheiten schon viele Jahre gibt und so nirgendwo anders zu finden sind. Diese einzigartigen Gebäude stellen eine sehr gemütliche und harmonische Stadt dar. Aus diesem

Grund ist Heidelberg eine heiß begehrte Touristen-gegend, in der viele Leute durchspazieren und so viel wie möglich mit Kameras festhalten. Langweilig wird es hier also scheinbar nicht! Auf dem idylli-schen Philosophenweg können Sie Ihre Seele bau-meln lassen und die wunderschöne Natur genießen. Ein ca. 2 km langer Weg führt Sie auf den Heiligen-berg. Von dort aus erreichen Sie ganz schnell und leicht das Heidelberger Schloss und den Königsstuhl. Viele Sehenswürdigkeiten bekommen Sie geboten. Sie werden erlebnisreiche Momente haben, die Sie ein Leben lang in schöner Erinnerung mit sich tragen werden. Begleitet und geführt werden Sie von einer sehr sympathischen Reiseführerin, die in dieser Stadt geboren und aufgewachsen ist und deshalb sehr mit Heidelberg vertraut ist. Sie können sich si-cher sein, dass die Reise viele Hintergründe und In-formationen mit sich bringen wird. Ihre Vorfahren lebten auch viele Jahre in dieser historischen Stadt und erlebten schon einiges, was Sie erfahren sollten. Aus diesem Grund hängt ihr Herz an dieser Heimat-stadt.

Angekommen auf dem Schloss hört die Begeis-terung gar nicht mehr auf. Viele schöne Plätze sind auf dem gesamten Schlossplatz zu finden und wenn es einmal zu anstrengend wird, gibt es alle paar Meter zahlreiche Bänke, worauf Sie ein Päuschen machen können. Voller Freude und Aufregung endet hier eine sehr interessante und lohnenswerte Reise. Freuen Sie sich also auf ein abenteuerliches Erlebnis!

Einführung in die Stadt

WAS MACHT DIE STADT SO BESONDERS?

Die Stadt Heidelberg gehört mit rund 160.000 Einwohnern zu einer der bekanntesten und beliebtesten Großstädte Deutschlands. Es ist die fünftgrößte Stadt Baden-Württembergs und wird auch Metropolregion Rhein-Neckar genannt. Sie ist mit keiner anderen Stadt zu vergleichen. Doch seit wann ist Heidelberg eine Großstadt? Bis 1946 zählte man Heidelberg noch nicht als Großstadt. Erst nach diesem Jahr überschritt Heidelberg die 100.000-Einwohner-

Grenze. Das ist natürlich eine ziemlich große Zahl, von der man ausgehen kann, dass die Stadt sehr international belegt und kultiviert ist, denn je mehr Menschen sich auf einem Fleck befinden, umso mehr Unterschiede sind zu erkennen. Heidelberg ist eine der wenigsten Städte, die im zweiten Weltkrieg nicht ganz unbeschädigt blieb, aber auch nicht komplett zerstört wurde. Die Werte der Stadt blieben weitestgehend erhalten. Aus diesem Grund haben viele Sehenswürdigkeiten in Heidelberg schon einige Jahre hinter sich. Die Besonderheit liegt in den vielen uralten Sehenswürdigkeiten, die in dieser wunderschönen Pracht, wie sie dort stehen, nirgendwo anders zu finden sind und sich durch die ganze Geschichte ziehen. Aufgrund der vielen Sehenswürdigkeiten und der Schönheit der Stadt wird Heidelberg jährlich von unzähligen Touristen besucht. Auf einige Sehenswürdigkeiten gehe ich später näher ein.

Heidelberg ist keine typische Großstadt, die aus vielen großen, modernen Gebäuden besteht. Natürlich sind auch hier große Gebäude zu finden, aber das Schöne an der Stadt ist die Natur und die vielen alten Gebäude und natürlich die schon erwähnten alten Sehenswürdigkeiten. Die Stadt wird von viel

Grün umzingelt. Sie liegt im Tal und wird rundum von Bergen umgeben. Obwohl es eine Großstadt ist, bleibt die Natur hier nicht versteckt. Heidelberg besitzt fünf Naturschutzgebiete. Die Altstadt wird auch „Die historische Mitte Heidelbergs" genannt und ist dafür bekannt, dass sie aus Stadt, Bergen und Fluss besteht. Die wenigsten Städte besitzen diese drei großen Besonderheiten. Heidelberg ist unter anderem auch für die engen, gemütlichen Gassen und für den außergewöhnlichen „Barockstil" bekannt.

Einmal quer durch die ganze Stadt fließt der lange Neckar. An einer Seite des Neckars liegt die Neckarwiese, die an schönen Tagen immer von vielen Bewohnern Heidelbergs sowie von Bewohnern der umliegenden Städte, die Heidelberg gut und schnell erreichen, besucht wird. An warmen, sonnigen Tagen kann man beim Spazieren gehen durch Heidelberg nahezu fast alle Farben erkennen. Viele Gebäude und Sehenswürdigkeiten werden von der warmen Sonne angestrahlt. Diese wunderschönen Farben machen Heidelberg sehr attraktiv und harmonisch. Deshalb ist die Touristenzahl an warmen Tagen um einiges höher als an kalten Tagen. Schließlich erkennt man an schönen Tagen mehr von der

Natur und auch von den teilweise schönen steinro-
ten Brücken, dem Schloss und anderen Sehenswürdigkeiten.

Reisen und Unterhaltung

D a Heidelberg eine Stadt mit vielen unterschiedlichen Attraktionen ist, gibt es hier ganz unterschiedliche Rundreisen für Besucher und Gäste. Sie wird auch *„Die Stadt der Romantik"* genannt. Wenn Sie also vorhaben, Ihre Reise zu verlängern, zum Beispiel ein Wochenende in Heidelberg verbringen wollen, gibt es einige Hotels, die Sie buchen können und sehr schöne und leckere Restaurants, um einen gemütlichen Tag mit Ihrem Partner zu verbringen. Eine weitere Besonderheit der

Stadt ist zum Beispiel die Fahrt auf einem großen Ausflugsschiff.

Das Schiff führt Sie durch das schöne Neckartal, umgeben von Wiesen und Bergen, wo Sie die Möglichkeit haben, die Stadt vom Fluss aus zu betrachten. Bei gutem Wetter können Sie Ihre Seele auf dem Schiff baumeln lassen und sich von den Sonnenstrahlen aufwärmen und vielleicht sogar schon etwas bräunen. An heißen Sonnentagen wird ein mancher auf einer Schiffstagesreise ziemlich braun, denn das Wasser zieht die Sonnenstrahlen ganz schön an sich. Ein sehr bekanntes Schiff ist *„Die Weiße Flotte"*. Mit ihr werden Sie von dem Neckarufer bis nach Neckarsteinach geführt. Sobald das Schiff am Neckarufer angekommen ist, macht es dort eine Pause, in der Sie sich einen Überblick über den Stadtteil Heidelbergs verschaffen können.

Auch hier gibt es in der kurzen Zeit einiges zu sehen. Auf der *Weißen Flotte* ist eine Gastronomie an Bord, um die Gäste von ihrem heiß begehrten Schiffsrestaurant staunen und genießen zu lassen. Es gibt aber noch andere Rundfahrten, zum Beispiel sind die Feuerwerksrundfahrt und die Schlossbeleuchtungsfahrt eine der beliebtesten Fahrten auf diesem Schiff. Das sind natürlich ganz besondere Erlebnisse. Wie oft sieht man schon ein Feuerwerk vom Wasser aus? Vom Schiff aus sieht man die Feuerwerke besonders gut, schließlich stehen vor Ihnen nicht unzählige Menschen, die auch etwas sehen wollen. Wer also große Menschenmenge meiden möchte, könnte sich eine Schiffsreise als Alternative überlegen. Außerdem wird der Neckar seit vielen Jahren als Transport- und Verkehrsweg genutzt. Mit einem der Heidelberger bekanntesten Schiffe kann man sogar bis Heilbronn und Stuttgart kommen. Mit dem Schiff bieten sich also viele Alternativen und Möglichkeiten an.

HEIDELBERGS SCHÖNSTER ZOO

In Heidelberg gibt es einen Zoo mit 160 verschiedenen Tierarten. Er wurde 1934 eröffnet und zählt jährlich tausende Besucher. Dort können Sie rote Pandas, Sumatra-Tiger, Kubaflamingos oder asiatische Elefanten sehen. Das ganze Jahr über werden viele Aktionen im Zoo angeboten. Es gibt mehrere Zwischenstationen, darunter einen Wasserspielplatz, der bei den Kindern sehr beliebt ist und gut ankommt. Dort gibt es ebenfalls eine Zooschule, wo die Kinder, aber auch Erwachsene, viele Informationen über die Tiere und deren Versorgung bekommen.

HEIDELBERG IM WINTER

Wie sieht es denn im Winter aus? Lohnt sich eine Städtereise auch an kalten Tagen? Mit Sicherheit! Heidelberg ist nämlich eine Stadt, die eine Menge an kulturellen Unterhaltungen bietet und dies sowohl draußen in der freien Natur als auch in sämtlichen Unterkünften, wie zum Beispiel in der Stadthalle, in der fast regelmäßig Vorträge aller Art gehalten werden. Sie können Theaterstücke und verschiedenste Konzerte besuchen. Für die jüngere Gesellschaft, welche meist nicht so an Geschichte, Literatur usw. interessiert ist, gibt es in der Altstadt eine etwas kleine, aber längere Gasse, in der typische Studentenlokale versteckt sind. Dort treffen sich viele Gruppen von Studenten, die hier nach ihren Klausuren die Last von den Schultern fallen lassen können. Sowohl unter der Woche als auch am Wochenende ist in dieser Gasse was los. Am Wochenende gehen meistens Studenten, die nicht nach Hause fahren, sondern auf dem Campus bleiben, feiern. An solchen Veranstaltungen, wo sehr viele Menschen sind, ist Offenheit das A und O. So lernen Sie jederzeit neue, nette Leute kennen. Ein mancher, der ein paar Jahre seines Lebens in Heidelberg verbringt, schließt durch viele Kontakte langlebige Freundschaften.

Aber auch an regnerischen Tagen wird es hier nicht langweilig. Für gemütliche Stadtmenschen lassen sich in der Altstadt einige Cafés in den Gassen finden, in denen heiße Schokolade in den verschiedensten Geschmacksrichtungen, wie zum Beispiel Kokosnuss getrunken werden kann. Es sind kleine, gemütliche Lokale, die es nicht an jeder Ecke gibt. Ebenso gibt es auch für Kinder diverse Hallen und Schwimmbäder, wo die ganze Energie rausgelassen werden kann.

Ziemlich zentral von der Altstadt liegt der bekannte Bismarckplatz. Hier kreuzen viele Straßenbahnen und Busse. Der Bismarckplatz führt in alle Richtungen. Über ihn erreicht man ganz schnell die Stadtmitte, in der einige Restaurants und Einkaufsläden zu finden sind, wo man garantiert fündig wird. Sie sind also mit Bus und Bahn sehr mobil und flexibel. Aber auch mit dem Auto sind die Anbindungen super, jedoch könnte es mit dem Parken etwas schwierig werden. Wollen Sie es eher stressfrei haben, fahren Sie lieber mit dem Bus oder der Bahn. Wollen Sie aber direkt am Zielort ankommen, ohne viel zu laufen, dann können Sie natürlich auch problemlos mit Ihrem eigenen Auto fahren. Und wenn es ganz einfach gehen soll, bieten sich zudem viele Fahrradwege an.

WIE SIEHT ES MIT DEM VERKEHR IN HEIDELBERG AUS?

Welche Verkehrsmittel werden am häufigsten genutzt? Wenn Sie von außerhalb nach Heidelberg gelangen wollen, dann bietet sich jederzeit die Bahn an. Je nach Kapazität können Sie natürlich zwischen einem Schnellzug und einer Regionalbahn entscheiden. Für den Schnellzug zahlen Sie logischerweise mehr, sind aber dafür viel schneller am Ziel. Von Stuttgart aus braucht die Bahn etwa 40 min. Mit der Regionalbahn dagegen fahren Sie über eine Stunde, zahlen dafür aber weniger. Wenn Sie vorhaben, als Gruppe zu fahren, dann bietet sich wunderbar das

Baden-Württemberg-Ticket an, bei dem bis zu fünf Personen mitfahren können. Dieses Ticket kann den ganzen Tag genutzt werden. Sie kommen damit also auch problemlos wieder zurück. Für Studenten bieten sich die beliebten Mitfahrgelegenheiten an. Man sucht sich auf einer Plattform im Internet einfach weitere Studierende, die ebenfalls in dieselbe Richtung müssen. So wird die Fahrt nicht ganz langweilig und die Kosten sind natürlich auch um einiges günstiger, da die Anzahl der Mitfahrenden sich den Sprit aufteilen. Eine weitere Möglichkeit wäre noch der bekannte FlixBus, mit dem Sie auch sehr günstig weite Strecken mitfahren können. Mit dem Bus sind Sie jedoch länger unterwegs. Das ist eine Art Reisebus für Leute, die günstig und gemütlich lange Strecken fahren wollen. Das Besondere an dem Bus ist die interne WLAN-Verbindung. Das ist ein großer Vorteil für Leute, die zum Beispiel gerade eine Hausarbeit schreiben oder sich für das Studium vorbereiten müssen.

Wer aber lieber mit dem Auto fährt, ist ziemlich schnell auf der A5, denn die Autobahn ist mit Heidelberg verbunden. Sie verbindet Frankfurt am Main und Karlsruhe.

Aber auch in Heidelberg selbst kommen Sie schnellstmöglich und einfach an Ihre Ziele. Alle fünf bis zehn Minuten fahren Busse und Straßenbahnen durch ganz Heidelberg und halten, sofern Sie dies wünschen, an jeder Haltestelle. Die S-Bahn 5 führt Sie sogar bis nach Mannheim.

Für Fußgänger und Radfahrer bietet Heidelberg einige Rad- und Wanderwege an. Egal, für welches Verkehrsmittel Sie sich letztendlich entscheiden, nach Heidelberg kommen Sie immer problemlos. Es ist alles nur eine Frage der Zeit und der Finanzen. Wer vorhat, mehrere Städte zu besuchen, hat hier den Vorteil, dass Sie auch die umliegenden Städte problemlos erreichen können. Diese Möglichkeiten werden immer geboten.

SPORT IN HEIDELBERG

Die Heidelberger Einwohner sind ein sehr sportliches und bewegliches Volk. Insgesamt gibt es 123 Sportvereine und darunter fallen 45.000 Mitglieder. Hier werden alle möglichen Sportarten in verschiedenen Vereinen für Jung bis Alt angeboten. Größtenteils werden Geräte und andere anfallende Kosten von Sponsoren gefördert, denn die Mitgliedsbeiträge reichen allein nicht aus. Außerdem bietet fast jede Universität und Hochschule eigene Sportprogramme an, die der Student anhand des Studentenausweises günstiger ausüben kann und weitere Vorteile daraus ziehen kann. Die Hallen hierfür haben sehr lange Öffnungszeiten, was sich natürlich wunderbar für Studenten anbietet. So können sie ihren Ausgleich ganz flexibel gegenüber Vorlesungen und Lernzeit einplanen und müssen den Sport trotz des Alltagsstresses nicht vernachlässigen.

Viele haben zum Beispiel einen Fitnessraum, eine Schwimmhalle oder eine Sporthalle, in denen an verschiedenen Zeiten unterschiedliche Programme, wie zum Beispiel Yoga, Pilates oder Walken in der Gruppe oder aber auch in Kursen angeboten werden. An warmen Tagen wird auch viel draußen praktiziert. Man kann aber auch ganz für sich allein trainieren. An der SRH in Wieblingen ist das Sportprogramm auch an Rehabilitierte angepasst, da sich auf dem SRH Campus eine Reha befindet. Diese Patienten werden regelmäßig von Fitnesstrainern angeleitet, um ihre Beweglichkeit zu trainieren und wieder fit zu werden. Besonders bemerkenswert sind

Sportvereine, die in Heidelberg bewusst für einge-schränkte Menschen Angebote haben. Hier spreche ich zum Beispiel von Rollstuhlfahrern, die in Basket-ballvereinen einer Mitgliedschaft beigetreten sind. Eine Vielfalt an Aktivitäten wird an verschiedene Einschränkungen angepasst und angeboten. Es ist schön zu wissen, dass die Stadt so viel Wert auf Kranke sowie behinderte Menschen legt, um deren Leben mit regelmäßigem Sport zu verschönern und auch ihnen Lebensqualität bietet!

Für private Zwecke bietet Heidelberg einige Schwimmbäder und Freibäder in und um Heidelberg herum an. Auch Thermen sind zu finden. Für die kal-ten Tage werden Eishallen geöffnet, die die Winter-zeit gut überbrücken. Solch ein Freizeitsport wird e-her für Spiel und Spaß angesetzt.

Besondere Highlights und Plätze

HEIDELBERGER HERBST

Jedes Jahr findet der Heidelberger Herbst in der Hauptstraße statt. Es ist ein Kunsthandwerkermarkt. Gleichzeitig gibt es in den kleinen alten Gassen viele Flohmärkte. Der Heidelberger Herbst bietet sehr viel abwechslungsreiche Unterhaltung. Von Shoppen bis musikalische Unterhaltung für jedes Alter. Dafür werden einige Bühnen mit Live-Musik aufgestellt. Schon ab 11 Uhr vormittags beginnt die Musik. Abends findet dann zur Krönung des

Tages ein Open-Air-Konzert statt. Der Heidelberger Herbst beginnt am Samstag und endet bereits am Sonntagabend. Jedes Jahr gibt es am Sonntag ein bestimmtes Motto, der sogenannte Familienherbst. Am Sonntag haben übrigens auch die meisten Geschäfte bis 18 Uhr geöffnet, also ist auch gleichzeitig Tag der offenen Tür. Wenn Sie Lust und Laune auf den Heidelberger Herbst haben, dann machen Sie sich darauf gefasst, dass die Stadt voll wird. Da für jedes Alter etwas Besonderes geboten wird, sind eben auch alle Altersklassen und dementsprechend sehr viele Menschen vor Ort. Am Familientag sind natürlich vermehrt Eltern mit Kindern unterwegs.

LEBENDIGER NECKAR

Jährlich findet auf der Neckarwiese in Heidelberg, von Ladenburg bis Eberbach, ein regionales Großereignis statt. Hierbei werden viele Veranstaltungsprogramme für Kinder und Erwachsene vorbereitet. Entlang der Neckarwiese gibt es viel Bühnenprogramm mit Show-, Tanz-, Theater- und Sporteinlagen sowie Live-Bands. Insgesamt gibt es über siebzig Stände und drei große Bühnen. Sie können also den

Neckarpfad entlanglaufen und an jedem beliebigen Stand stehen bleiben, der Sie interessieren könnte— daher auch der Name „Lebendiger Neckar". Die Neckarwiese lebt an allen warmen Tagen, aber gerade an diesem Festtag kehrt erst zur Nacht wieder Ruhe ein. Tausende Menschen warten auf diese eine Veranstaltung. Einige kommen sogar von außerhalb nach Heidelberg, um nichts zu verpassen.

HEIDELBERG HISTORIC

Im Sommer gibt es etwas Spannendes für Oldtimer-Liebhaber. Und zwar bietet Heidelberg einmal im Jahr ein Oldtimer-Rennen an. Es gibt zwei Etappen für Rundfahrten mit einem Oldtimer. Die Teilnehmer starten in Kurpfalz-Kraichgau. Gestartet wird an beiden Tagen am bekannten Auto- und Technikmuseum in Sinsheim, welches über dreihundert Oldtimer besitzt. Diese Veranstaltung ist sowohl für Zuschauer als auch für ehemalige Oldtimer-Fahrer. Das löst bei manchen einen richtigen Adrenalinkick aus. Einmal im Jahr bietet sich also die Möglichkeit an, dieses schöne Gefühl wieder zu erleben und in alten Erinnerungen zu schweifen. Wer weiß, vielleicht sitzen Sie ganz zufällig in genau dem Oldtimer, den Sie vor vielen Jahren selbst einmal gefahren sind.

WEINWANDERUNG IN HEIDELBERG

Da Heidelberg sehr viele Weinberge besitzt, bieten sich hier wunderbar Wanderungen an. Jedes Jahr gibt es eine neue Route. Diese Wanderungen finden in den Rohrbacher Weinbergen statt. Es ist ein Weg, der sechs Stationen hat und an jeder Station Weine und traditionelle Speisen angeboten werden.

Diese Wanderung ist nicht einfach nur ein Spaziergang durch den Wald, sondern mit vielen Aktionen an jeder Station verbunden und erstreckt sich über 8,5 km. Das ist also keine Runde für Anfänger. Auf der Strecke werden Sie reichlich mit Informationen zu verschiedenen Rebsorten und vieles mehr überschüttet. Bei dieser Wanderung hat sich jemand etwas überlegt. Auf dem „Soldatenweg" geht die Reise los. Er liegt 200 m östlich von Rohrbach-Süd. Warum ausgerechnet hier? Weil der Heidelberger Wein hauptsächlich in Rohrbach angebaut wird. Die Wanderung kann aus verschiedenen Richtungen begangen werden. Rohrbach ist eine der ältesten Weinbaugemeinden. Die Rebfläche hat über 60 ha und es gibt drei unterschiedliche Weingüter. Beim Wandern durch die Weinberge riecht man den frischen Duft von Weintrauben. Für Weinliebhaber sind die Weinkostproben natürlich das Highlight an der ganzen Tour. Auf welcher Wanderung bekommt man denn sonst kostenlos Weinkostproben?

HEIDELBERGER LITERATURTAGE

Vier Tage im Jahr wird Heidelberg von renommierten deutschsprachigen und internationalen Autorinnen und Autoren besucht. Am Universitätsgelände werden verschiedene Workshops, literarische Stadtführungen und noch vieles mehr angeboten. Hier haben Sie sogar die Möglichkeit, persönliche Gespräche mit den Autoren zu führen. Für eine gute Atmosphäre wurden bereits gemütliche Sitzplätze und Hängematten zum „Stadtlesen" vorbereitet. Die Autoren präsentieren an einem der vier Tage ihre Neuerscheinungen. Übrigens standen einige Autoren mit denen dort lebenden Schriftstellern in engem Kontakt und aus dem Grund nannte man Heidelberg auch „*Die Stadt der Romantik*“.

Heidelberg ist für seine langjährige Literatur sehr bekannt. Deshalb wird sie auch „Literaturstadt“ genannt. Die Literatur begann hier bereits ab dem 15. Jahrhundert. Humanismus war eines der ersten Themen der Literatur. Die Literatur gehört hier zum Alltag. Heidelberg ist die einzige UNESCO City of Literature in Deutschland. In der ganzen Stadt finden Sie unzählige Buchhandlungen und Bibliotheken. Wie Sie bereits gelesen haben, bietet Heidelberg viele literarische Veranstaltungen an, um die Literatur bestmöglich zu erhalten.

Außer den bekannten Literaturtagen gibt es noch das bekannte Literaturhaus. Das Schöne an der Literatur in Heidelberg ist die Vielfalt. Sie wird an mehreren Orten in Heidelberg geschätzt und gelebt. Das Literaturhaus hat eine ganz bestimmte Aufgabe, und zwar soll die Literatur hier vorangetrieben werden. Dieses Haus soll bewirken, dass Neues angestoßen und nachhaltig fortentwickelt wird und immer wieder neue Themen über die kulturelle Gesellschaft betrachtet und stets begleitet werden.

UNIVERSITÄTEN IN HEIDELBERG

Heidelberg ist schon seit vielen Jahren eine sehr bekannte und beliebte Studentenstadt. Einige Universitäten wurden noch vor der Kriegszeit gegründet. 1386 wurde die älteste und somit die erste Universität Deutschlands gegründet und Ruprecht-Karls-Universität genannt. Sie war jedoch erst die dritte Universität im Römischen Reich, denn Prag und Wien kam ihr zuvor. Während dieser Gründung hatte Heidelberg erstaunlicherweise nur 5.000 Einwohner, was bemerkenswert wenig klingt für eine sogenannte Universitätsstadt.

In der Altstadt befinden sich die Universitätsgebäude für die Geistes-, Sozial- und Rechtswissenschaften und im Neuenheimer Feld befinden sich die Gebäude für Naturwissenschaften sowie Medizin. Auch Didaktik und Lehrbildung für Gymnasien und Sonderschulen werden hier angeboten. Im Stadtteil Wieblingen wurde 2004 die erste private Hochschule mit dem Namen SRH (Stiftung Rehabilitation Heidelberg) gegründet. Des Weiteren gibt es noch viele andere Lehrgänge, die die Stadt Heidelberg anbietet. Für Studenten aus anderen Städten bietet jede Universität Wohn- und

Übernachtungsmöglichkeiten auf dem jeweiligen Campus an. Heute gibt es sehr viele Möglichkeiten, in dieser Stadt zu studieren. Aus dem Grund ist Heidelberg eine sehr jung bevölkerte Stadt. Aus allen Richtungen reisen junge Leute an und verbringen mehrere Jahre ihres Lebens dort. Für viele Studierende ist die Heidelberger Bibliothek ein zweites Zuhause. Auch dieses Gebäude hat sowohl für die Studierenden als auch für die Stadt selbst einen sehr hohen Stellenwert. Viele Studenten verlassen nach Abschluss ihres Studiums die Stadt und ziehen wieder Richtung Heimatort oder bauen sich ihre Zukunft ganz woanders auf. Andere leben sich in den Jahren so in dieser Stadt ein, dass ihr Herz schließlich an Heidelberg hängen bleibt und es deshalb keine Rückkehr in ihre Heimatstadt gibt. Sie bleiben in der Stadt und bauen sich hier ihre neue Zukunft auf. Möglichkeiten, um hier zu arbeiten, gibt es nämlich zur Genüge.

UNIVERSITÄTSKLINIKUM HEIDELBERG

Das Universitätsklinikum Heidelberg ist nicht nur deutschlandweit, sondern auch europaweit bekannt. In medizinischer Behandlung und Forschung gehört das Klinikum zu den besten Deutschlands. Es ist für seine Forschung weltweit bekannt und arbeitet mit weiteren Forschungseinrichtungen, wie zum Beispiel dem Deutschen Krebsforschungszentrum. Was natürlich zur Folge hat, dass viele Patienten anreisen. Das Klinikum ist hochmodern und versucht, den Ansprüchen der Patienten gerecht zu werden.

Das Klinikum ist auf sehr komplexe und schwere Krankheitsbilder spezialisiert. Die Uniklinik gehört mit etwa 100.000 stationär betreuten Patienten im Jahr zu den zehn größten Kliniken in Deutschland. Das Klinikum und die Fakultät haben eine hohe Mitarbeiteranzahl von ca. 12.800. Es ist ein Ausbildungskrankenhaus, in dem sehr viele Studenten nicht nur bei allem zusehen und lernen dürfen, sondern natürlich auch selbst mit anpacken. Momentan hat Heidelberg fast 4.000 Medizinstudenten. Es bietet mehr als 50 verschiedene Fachabteilungen und hat insgesamt 1.782 Betten. Dementsprechend ist in dieser Klinik 24-Stunden-Arbeit und volle Aufmerksamkeit angesagt. Schließlich gibt es in einer großen Stadt natürlich auch mehr Notfälle.

Die besonderen Schwerpunkte der medizinischen Betreuung sind: Tumorerkrankungen, Transplantationsmedizin, Herz-Kreislauf-Erkrankungen, neurologische und neurochirurgische Erkrankungen, pädiatrische Erkrankungen sowie orthopädische Erkrankungen. Mittlerweile sehr weit fortgeschritten ist im Klinikum die Lungenforschung und die Behandlung diverser Stoffwechselerkrankungen.

Das Klinikum ist sehr breit gefächert. Viele Patienten von außerhalb reisen an, um bestmögliche Chancen auf ein gesundes oder auch neues Leben zu bekommen. Das Klinikgelände ist ziemlich groß und besitzt logischerweise mehrere Gebäude. Sie sind in ihre einzelnen Fachgebiete aufgeteilt, sodass Sie im Falle eines Notfalls oder eines chronischen Krankheitsbildes wissen, wo Sie am besten behandelt werden können und welches Klinikgebäude nun am ehesten für Ihre Krankheit spezialisiert ist. Wenn Sie einmal über einen längeren Zeitraum in der Klinik verweilen müssen und noch einigermaßen beweglich sind, so haben Sie an schönen Tagen die Möglichkeit, auf dem für Patienten errichteten Park ein oder zwei Runden spazieren zu gehen und etwas Sonne zu tanken.

VIELE JUNGE EINWOHNER

Ein weiteres Merkmal Heidelbergs sind natürlich ganz besonders die Einwohner. Da Heidelberg sehr viel mehr Einwohner besitzt als ein kleines Dorf, sieht man dementsprechend viel mehr Menschen auf einem Fleck und teilweise auch viele verschiedene Typen von Menschen. Jede Altersklasse ist dort zu finden. Das interessante an einer Großstadt ist, dass man Leute relativ schnell eingruppieren kann, weil zum Beispiel viele gleichgesinnte Leute oft zusammen sind und sich sehr oft, manchmal sogar täglich, am selben Ort befinden. Dementsprechend kann man leider auch sofort erkennen, wer zu den Bettlern gehört und welche Gruppe von Menschen Geld besitzt oder normal bürgerlich lebt. Wenn man neu in eine Großstadt kommt, sieht man vielleicht am Anfang häufig Sachen, die man in der Form nicht aus dem eigenen Dorf kennt, so zum Beispiel

Gruppen von armen Leuten, die auf der Straße leben. Solche Dinge sind leider Alltag in einer Großstadt, die man nicht umgehen kann. Mit der Zeit lernt man relativ schnell, seine Mitmenschen so anzunehmen, wie sie sind, egal, wie komisch uns das vielleicht im ersten Moment vorkommt. Sie gewöhnen sich daran, dass Menschen von Grund auf verschieden sind. Das Schöne daran ist, dass sich keiner dafür schämen muss.

Aber warum genau ist Heidelberg eine überwiegend jung bevölkerte Stadt? Was hat dazu geführt? Zum einen sind es natürlich die vielen Studien- und Ausbildungsangebote, die nicht in jeder Stadt zur Verfügung stehen. Das macht schon einen sehr großen Teil der Einwohner aus und zum anderen ist Heidelberg aufgrund der vielen Attraktionen und Angebote eine sehr einladende und beliebte Stadt. Einiges haben Sie in den Kapiteln vorher schon erfahren, manches erfahren Sie in den bevorstehenden Kapiteln und vieles erfahren Sie erst, wenn Sie selbst einmal die Stadt über einen längeren Zeitraum besucht haben. Wer die Stadt also gut kennenlernen will, muss sich die Zeit nehmen, um viele Ecken Heidelbergs zu erkunden. Außer den ganz großen und berühmten Sehenswürdigkeiten gibt es natürlich noch viele schöne und gemütliche kleine Gassen, Cafés und Bars. Was ich persönlich sehr lieben gelernt habe, sind die gemütlichen Cafés, die häufig auch Studenten fast schon als ihr zweites Zuhause ansehen, da man dort an seiner Hausarbeit weiterschreiben kann und währenddessen so viel Kaffee oder Tee dazu trinken kann, wie man will und natürlich auch bereit ist auszugeben. Hierbei spielt die Atmosphäre eine herausragende Rolle.

DER BEKANNTE ZUCKERLADEN HEIDELBERGS

Etwas entfernt von der Hauptstraße gibt es in der Plöck einen sehr beliebten Zucker- und Süßigkeitenladen. Schon beim Vorbeilaufen an den Schaufenstern läuft einem das Wasser im Mund zusammen. Ein Blick in die Richtung verrät sofort, was es für ein Geschäft ist. Für Kinder und für manch einen Erwachsenen ist der Zuckerladen ein Paradies. Es ist eine Welt voll Süßigkeiten. Die Regale in der alten Stube sind voll befüllt. Beim Betreten des Geschäfts weiß das Auge gar nicht wohin mit sich, denn plötzlich sind Sie rundum umgeben von lauter hohen, befüllten Süßigkeitenregalen.

Die Besitzer des Geschäfts führen den Laden bereits seit 1986 in der Plöck. Tag für Tag stehen Leute schon vor Öffnungsbeginn vor dem Geschäft und warten, bis die Besitzer die Türen aufschließen. Der Laden wird besucht wie kein anderer. Kurz mal einkaufen wird hier oft auch nichts, denn das Warten in der Schlange an der Kasse nimmt sehr viel Zeit in Anspruch. Von daher sollte man Geduld beim Großeinkauf von Süßigkeiten mitbringen. Etwas ganz Besonderes des Ladens sind nicht nur die beliebten Süßigkeiten, sondern auch die offene Kommunikation von den Geschäftsführern mit den Kunden. Denn hier werden die Kunden nicht schnellstmöglich wie in fast allen Supermärkten abgewimmelt. Der Verkäufer selbst lädt seine Kunden sogar zu einem Würfelspiel ein.

Der Zuckerladen ist ein Ort, an dem viele Erwachsene für einen Augenblick wieder zum Kind werden, sagen die Besitzer. Er ist eine Beliebtheit Heidelbergs, wo viele Leute von außerhalb einen Blick hineinwerfen und sich von all den Verkostungen verwöhnen lassen. Den Zuckerladen in

Heidelberg werden alle Besucher immer in guter Erinnerung behalten. Er ist sogar so beliebt, dass Leute, die sich damals schon als Kind oder Studierende/Studierender dort oft aufhielten, diesen heute noch mit ihren eigenen Kindern besuchen, um einzukaufen.

CAFÉ SCHAFHEUTLE

Seit 1833 bietet Heidelberg eines der besten, gemütlichsten und leckersten Cafés in der Stadt. Auch das befindet sich in der Hauptstraße. Alles wird frisch und mit eigenen Händen mit viel Liebe zubereitet, denn die Backstube ist direkt hinter dem Laden. Aus dem Grund kommen die frisch zubereiteten Produkte auch sofort hinter die Ladentheke. Zur Auswahl gibt es Torten, Kuchen, Pralinen und leckere Eiscreme. Bei der Zubereitung werden nur teure Rohstoffe verwendet und strikt auf Konservierungsstoffe und Fertigprodukte verzichtet. Es ist kein gewöhnliches Café, das nur mit Stühlen und Tischen wie die üblichen Cafés ausgestattet ist, sondern es bietet einen herrlichen Garten und Wintergarten, um den Stress des Alltags für einen Augenblick zu

vergessen. Es ist ein Ort der Ruhe und des Genie-
ßens. Ein Jahr vorher wurde hier ein edles Café gegründet, welches 1834 von Schafheutle übernom-
men wurde. In diesem Jahr wurde es noch mit dem
Namen „Theatercafé Schafheutle" eröffnet. Von da
an wurde es zu einem beliebten Ort für Schauspieler
und Besucher des Heidelberger Theaters. Seitdem
wurde das Café fortgeführt und lebt heute bereits in
seiner vierten Generation. Heute ist es ein großes
Kaffeehaus mit fünf unterschiedlichen Räumen.

Die Geschichte Heidelbergs

DER ANFANG EINER HISTORISCHEN REISE

Wie entstand überhaupt der Name Heidelberg?

Bevor die Stadt den Namen „Heidelberg" bekam, wurde das Schloss schon so genannt. Der „Berg" im Namen wurde vermutlich vom Berg des Königsstuhls abgeleitet. Eine sichere Bestätigung für die Namensnennung der Stadt Heidelberg gibt es nicht, allerdings gibt es einige Vermutungen, wie der Name „Heidelberg" entstand. Er wurde von vielen Wörtern beziehungsweise Namen, in denen das Wort „Heide" vorkam, abgeleitet.

Wie entstand Heidelberg?

Der erste Teil Heidelbergs entstand zwischen dem Königsstuhl und dem Neckar. 1220 wurde dann die gesamte Stadt erbaut. Auf der Karte hat Heidelberg einen rechtwinkligen Grundriss und drei Straßen, die parallel zum Fluss führen. Der Anfang Heidelbergs war der Zeitabschnitt der Römischen Herrschaft. Als der Kaiser Tiberius 14-37 n. Chr. an der Macht war, siedelten die Römer mit dem Ziel an, eine neutrale Zone zwischen dem Rhein und dem Römischen Reich zu schaffen. Der Grund hierfür war, dass weitere Feindseligkeiten verhindert werden sollten. Eines Tages errichteten die Römer über dem Neckar eine Brücke, um auf die andere Seite zu gelangen. Im dritten Jahrhundert nahm die Römische Zeit ihr Ende. Sie wurden von einem mittelalterlichen Volk verdrängt.

Wann wurde Heidelberg das erste Mal angegriffen?

Während des ersten Weltkriegs blieb Heidelberg verschont. Im zweiten Weltkrieg wurde die Stadt jedoch in der Nacht vom 19. auf den 20. September 1940 von englischen Flugzeugen durch Luftangriffe „geweckt". Die ersten Bomben flogen im Stadtteil Pfaffengrund. Dabei wurde nicht allzu viel zerstört.

Auch 1944 und 1945 fanden kleinere Luftangriffe statt. Bei diesem Anschlag wurden dreizehn Häuser zerstört und viele Einwohner verletzt. Ziel des Angriffes war in erster Linie der Güterbahnhof, der nach dem Angriff auch sehr gelitten hat. Nicht nur der Bahnhof, sondern auch der Tiergarten wurde total zerstört. Hierbei wurden aber zum Glück noch keine Menschen verletzt. Doch wie kam dieser Angriff zustande? Wussten die Heidelberger von ihrem bevorstehenden Unglück? Es ist heute noch ein Rätsel, weshalb Heidelberg nur wenig abbekommen hat und größtenteils „ganz" geblieben ist, obwohl die Stadt damals drei große Kasernen besaß und ein weitaus größerer Schaden hätte angerichtet werden können! Das Augenmerk lag jedoch auf dem Güterbahnhof, was vermuten lässt, dass es das einzige Ziel der Feinde gewesen war und aus dem Grund keine weiteren Gebäude der Stadt angegriffen wurden.

Was geschah nach dem zweiten Weltkrieg mit Heidelberg?

Nach dem zweiten Weltkrieg siedelten viele Deutsche in Heidelberg ein. Vor dem zweiten Weltkrieg hatte die Stadt 85.000 Einwohner und nach der Ansiedlung im Jahre 1946 waren es bereits 111.800

Einwohner. Heidelberg ist der amerikanischen Besatzungszone beigetreten. Aufgrund dessen entstanden zwei Siedlungen– die Mark-Twain-Village und die Patrick-Henry-Village. In diesen zwei Wohnorten lebten zur damaligen Zeit viele amerikanische Familien. Heidelberg war überfüllt von Amerikanern. Es lebten tausende amerikanische Armeeangehörige dort, weil Heidelberg Sitz des NATO-Landhauptquartiers Mitteleuropa und des Hauptquartiers der 7. US-Armee war.Nach der angespannten und schlimmen Zeit, die Heidelberg erlebte, mussten viele Teile der Stadt durch die Zerstörung des Krieges wieder neu errichtet werden. Nicht nur das Schloss und die Heidelberger Brücken wurden zerstört, sondern auch der Bahnhof, der in einer solch großen Stadt natürlich eine große Rolle spielt. Schon viele Jahre vor dem Krieg war geplant, den Hauptbahnhof von Rohrbach so zu verlegen, dass ein Durchgang geschaffen werden kann. Also wurde die langjährige Planung der Verlegung des Hauptbahnhofes mit viel Hingabe vier lange Jahre ausgeführt, bis er letztendlich zu den modernsten Bahnhöfen der Bundesrepublik gehörte.

Römische Zeit in Heidelberg

Heidelberg ist schon immer eine stark besiedelte Stadt gewesen. Von Generation zu Generation wuchs die Einwohnerzahl drastisch. Es gab in Heidelberg vor vielen Jahren eine Zeit der Römer. Doch bevor die Zeit kam, lebten die Kelten in dieser Stadt. Die Kelten gehörten zum Stamm der Helvetier. Dieses Volk lebte noch 1. Jahrhundert v. Chr. Doch nach einigen Jahren gaben die Helvetier ihre Wohnsitze in Heidelberg auf. Sie wanderten massenweise aus. 58 v. Chr. schlugen die Römer die Helvetier und bewegten sich bis zum Rhein vor.

Im Laufe der Zeit siedelten immer mehr Römer an. So entstand langsam die Römische Zeit. Sie fingen an, ein Kastell zu gründen, welches mit der endgültigen Einwanderung der Römer im Jahre 1969 bis 1979 abgeschlossen wurde. Sie begannen, an der Stadt zu bauen und stellten immer mehrere Kastelle als Zeichen einer Grenze auf. Direkt in Heidelberg bauten sie komplett neue Kastelle auf. Das erste davon stand jedoch nicht sehr lange. Es wurde nach einigen Jahren an eine andere Stelle verlegt. Es war nur ein paar Meter vom ersten entfernt. Einige Jahre später wurde ein Kastell aus Holz gebaut, welches abgebrannt und anschließend aus Stein wieder erbaut wurde.

Was geschah mit den Römern?

Im 3. Jahrhundert v. Chr. wurden die Römer plötzlich von allen Seiten angegriffen. Wo sie sich auch aufhielten, überall waren sie unsicher. Anfangs versuchten sie noch, sich zu wehren, doch ohne Erfolg. Als sie einsahen, dass sie so nicht weiterkommen und immer größerer Gefahr ausgesetzt waren, überlegten sie es sich anders und zogen sich zurück. Sicher waren sie nur noch an der Donau. Also siedelten sie wieder zurück. Nach den Römern kamen dann die Alamannen. Und so entwickelte sich Heidelberg von Generation zu Generation weiter und erlebte mit jedem Volk etwas Neues.

Religionen in Heidelberg

Die erste Synagoge Heidelbergs wurde 1930 das erste Mal erwähnt. Sie stand damals noch in der Judengasse in der Altstadt, die heute die Dreikönigsstraße genannt wird. Die Juden waren nicht sehr beliebt und hatten deshalb nie lange ein eigenes Gebäude. Ihre erworbenen Unterkünfte wurden immer wieder niedergerissen. 1933 lebten 1102 jüdische

Bürger in Heidelberg. Die Zahl sank jedoch sehr rasant bis zum zweiten Weltkrieg hin. Nationalsozialisten brannten 1938 die Synagoge in der Altstadt nieder. Nachdem die Synagoge abgebrannt war, wurden 150 Juden nach Dachau ins Konzentrationslager gebracht. Damit wollten die Nazis erreichen, dass die Juden das Land verlassen. Während der Zeit des Nationalsozialismus kamen nur wenige Juden davon und wurden nicht ermordet. Viele Juden wurden nach Frankreich deportiert. 1994 wurde erneut eine Synagoge in der Weststadt aufgebaut. Diese Gemeinde hat heute bereits über 400 Mitglieder und orientiert sich nach dem orthodoxen Glauben. Seit 1979 gibt es in Heidelberg sogar eine Hochschule für jüdische Studien. An dieser Hochschule studieren sowohl jüdische als auch nichtjüdische Studenten.

Neben den Juden gibt es in Heidelberg viele Muslime, die ebenso ihre eigenen Moscheen besitzen.

Welche Kirchen gehören zu den bekanntesten Kirchen Heidelbergs?

In Heidelberg gibt es fünf sehr alte und bekannte Kirchengebäude, die in der Geschichte über Heidelberg eine sehr ansehnliche Rolle spielen. Dazu zählt die

Heiliggeistkirche, sie ist die größte Kirche der Stadt und befindet sich direkt in der Mitte der Altstadt. Die Besonderheit an dieser Kirche ist der achteckige Glockenturm. Gebaut wurde sie von 1398 bis 1515 und seit 1936 gehört sie zur evangelischen Landeskirche Baden.

Weiter gehört die *Jesuitenkirche* zu den fünf bekanntesten Kirchen. Sie befindet sich ebenfalls in der Altstadt und ist neben der Heiliggeistkirche die größte und bedeutendste Kirche in Heidelberg. Die Jesuitenkirche gehört zur römisch-katholischen Heilig-Geist-Gemeinde in Heidelberg. Sie wurde von 1712 bis 1795 gebaut. Ihr Aussehen richtet sich sehr nach dem Barockstil. Der Turm wurde jedoch erst Jahre später erbaut.

Als Nächstes kommen wir zur *Peterskirche.* Sie ist die bekannteste Universitätskirche Heidelbergs. An allen Sonn- und Feiertagen werden hier evangelische Universitätsgottesdienste geführt. Beginn des Baus der Kirche war 1196. 1496 wurde sie dann erweitert und ist seit 1896 die Universitätskirche. Das Besondere an dieser Kirche sind die Öffnungszeiten an Werktagen. Sie hat nämlich nicht nur am Sonntag und an Feiertagen geöffnet.

Auch die *Providenzkirche* gehört zu den fünf bekanntesten Kirchen. Es ist eine protestantische Kirche und befindet sich an der Hauptstraße in der Altstadt. Bis 1821 war sie eine lutherische Gemeinde. Sie wurde zwischen 1659 und 1661 erbaut. Woher kam der Name? Die Providenzkirche entstand auf Initiative von Kurfürst Karl Ludwig. Er hatte stets einen lateinischen Leitspruch, den er des Öfteren nannte: „Dominus providebit". Dieser Spruch heißt auf Deutsch: „Der Herr wird sorgen". Von dort erhielt die Kirche ihren Namen. 1693 wurde sie allerdings zerstört und von 1715 bis 1721 wieder erbaut. Ein paar Jahre später wurde die Kirche dann auch von innen restauriert, bis ein heller Kirchensaal entstanden ist.

Zu guter Letzt kommt die *St. Vitus.* Es ist die katholische Pfarrkirche in Handschusheim. Sie ist eine der ältesten Kirchen der Region und wird regelmäßig von Gemeindemitgliedern und Besuchern besucht und genutzt.

Wie Sie also sehen, hat Religion in Heidelberg einen sehr hohen Stellenwert. Hier finden Sie viele verschiedene Glaubensrichtungen und dementsprechende Kirchengebäude dazu. Sie können Ihrem

Glauben also viel Raum geben und einer Mitgliedschaft beitreten. Hier muss sich keiner für seinen Glauben rechtfertigen.

Die bekannte Alte Brücke

Die sogenannte „Alte Brücke" heißt eigentlich „Karl-Theodor-Brücke". Von ihm wurde die Brücke im 18. Jahrhundert erbaut und steht heute noch genauso schön und stabil wie damals. Sie ist die älteste Brücke Heidelbergs und existiert schon seit dem Mittelalter. Die Brücke ist 200 m lang und 7 m breit. Heidelberg blieb fast ein Jahrtausend brückenlos, nachdem die Römerbrücke in sich zusammengebrochen war. Danach wurden erst wieder die ersten Brücken gebaut. Unter anderem genau dort, wo heute die „Alte Brücke" steht. Das Brückentor der Alten Brücke war damals der einzige Eingang in die Altstadt hinein. Es gehörte damals zur Stadtmauer. Heute führt sie aus der Altstadt zum Neuenheimer Feld (Stadtteil Heidelberg). Die Brücke hat alle Hochwasser und Eisgänge von früher bis heute überlebt und sieht immer noch traumhaft schön aus. Sie wurde durch den Krieg zertrümmert und 1788 wieder errichtet. Danach wurde sie noch einmal gesprengt und nach dem Krieg 1947 wieder aufgebaut. Diese

Brücke aus schönem rotem Stein ist eine echte Se-
henswürdigkeit in Heidelberg, die schon sehr vieles
durchgemacht und ausgehalten hat! Sie ist eine der
wenigsten Brücken mit der Baukunst aus wunder-
schönem rotem Stein, die es heute noch gibt. Nach
dem Brückenbau, etwa im 19. Jahrhundert, wurden
Brücken nur noch mit Gusseisen gebaut. Bis heute
hat die Alte Brücke ihre Bedeutung und Aufmerksamkeit nicht verloren und wird von zahlreichen
Touristen tagein tagaus besucht und bestaunt.

Viele Bilder werden hier geschossen und in ewi-
ger Erinnerung festgehalten, denn ein zweites Mal
wird man eine solch herrliche Brücke nicht mehr finden. Sie überquert den Neckar in einem hohen Bo-
gen und wird nicht nur bei Sonnenaufgang und bei
Sonnenuntergang, sondern den ganzen Tag mit lieben Sonnenstrahlen angelacht und erwärmt. An
schönen Tagen wird die Brücke betreten und überquert, bis der letzte Sonnenstrahl untergegangen ist.
Romantik wird hier also großgeschrieben. Sie wird
jeden Tag von tausenden Schritten überquert. Von
ihr aus hat man den perfekten Blick auf den Neckar,
wo man viele Schiffe beobachten kann und rundum
Berge vor Augen hat. Heidelberg ohne diese Alte

Brücke ist also undenkbar! Wer diese Brücke das erste Mal gesehen hat, verliebt sich sehr schnell in dieses Prachtstück.

Der idyllische Philosophenweg

Der idyllische Philosophenweg zieht sich ca. 2 km in die Länge. Hier liegen die Temperaturen etwa 1,5 Grad höher und es ist dementsprechend wärmer als in der Stadt. Aus dem Grund gedeihen hier sogar einige exotische Pflanzen und er wird als einer der wärmsten Orte Deutschlands gesehen. Er befindet sich südlich von Heidelberg. Ganz in der Nähe befindet sich der Heiligenberg. Bevor es den Philosophenweg gab, befanden sich genau an diesem Ort viele Weinberge. Diese wurden ausgebaut und so entstand 1841 die Pracht des Philosophenweges.

Viele Wanderer spazieren die Strecke nach oben, bis sie die herrliche Aussicht von dort genießen können. Zum Beispiel können Sie die herrliche Pracht des Heidelberger Schlosses und der wunderschönen Altstadt bestaunen und genießen. Der Weg nach oben führt Sie an viel grüner Natur vorbei und schenkt Ihnen einen freien Atem, der Sie den ganzen Stress des Alltags vergessen lässt. Es ist zwar nicht ganz ohne Anstrengung möglich, die 2 km zum Berg hochzulaufen, aber es lohnt sich, diese Pracht einmal von oben gesehen zu haben. Außerdem führt der Weg durch Heidelbergs teuerste Wohngegend und wurde schon früher für romantische Spaziergänge genutzt. Der Romantik werden hier also keine Grenzen gesetzt! Nicht oft findet man eine so harmonische und gemütliche Gegend, um in aller Ruhe spazieren gehen zu können.

Wer die Natur liebt, ist auf dem Philosophenweg genau richtig! Besonders an den schönen Herbsttagen funkelt es in allen Farben und strahlt Ihnen freundlich ins Gesicht. Ein Wochenende im schönen Heidelberg kann einem viel Freude und Ruhe bringen und ist nicht verkehrt. Der Duft der vielen Pflanzen wird Sie verzaubern und wirkt sehr entspannend. Die Sonne strahlt über Ihre Köpfe und das Vogelgezwitscher begleitet Sie den ganzen Tag über auf Ihrer Reise. Genießen Sie die wunderbare Pracht der Natur. Viele Dichter befanden sich in früheren Zeiten dort und kamen zu erstaunlichen Ergebnissen und schrieben Gedichte, die sehr viele Geheimnisse beinhalteten, weil sie im Philosophengärtchen alles ausblenden konnten und sich so voll und ganz ihrem Element widmen konnten. Einige Denkmäler wurden hinterlassen, die bis heute noch zu finden sind. Eine Besonderheit des Weges sind die vielen Universitätsgebäude der physikalischen Fakultät.

Heidelberg ist keine typische Großstadt, die aus vielen großen Gebäuden besteht. Natürlich sind auch hier große Gebäude zu finden, aber das Schöne an der Stadt ist die Natur. Die Stadt wird von viel Grün umzingelt. Sie liegt im Tal und wird von Bergen umgeben. Einmal quer durch die Stadt fließt der Neckar. An einer Seite des Neckars liegt die Neckarwiese, die an schönen Tagen immer von vielen Bewohnern Heidelbergs besucht wird.

Der Heiligenberg

Der Heiligenberg ist ein Ort, von dem aus Sie viele Sehenswürdigkeiten Heidelbergs erreichen können. Von so ziemlich allen Seiten erreichen Sie den Heiligenberg. Er liegt dem Schloss direkt gegenüber und ist auf einer Höhe von 440 m. Wie von vielen Sehenswürdigkeiten Heidelbergs haben Sie auch von hier aus einen wunderschönen Ausblick auf die Stadt. Dieser Berg ist nicht einfach nur ein Berg wie jeder andere, sondern trägt zur ganzen Geschichte Heidelbergs bei. Er spielt eine sehr bemerkenswerte Rolle in mehreren Generationen. Ab dem 5. Jahrhundert bekam er eine wertvolle Bedeutung, die er bis heute noch hat. Hier finden Sie einige Spuren der Vergangenheit. Er war das Zentrum der Region, da sich damals die Siedlungen bis in die Römische Zeit hineinzogen. Diese war sehr politisch, religiös und kulturell geprägt. Der Heiligenberg war früher schon ein sehr besiedelter Ort. 1.200 v. Chr. war er eine große geschlossene Siedlung. Irgendwann ließen sich die Kelten darauf nieder. Da das Leben vor hunderten vor Jahren noch nicht so modern war, wie es heute ist, mussten die Kelten zur damaligen Zeit ihr Wasser aus den Zisternen ziehen. Darin sammelten sie auch Regenwasser. Auch der Heiligenberg ist ebenso eine bekannte Wanderstrecke für Wanderer. Direkt auf dem Heiligenberg befinden sich die Thingstätte, der Bismarckturm und eine der vielen Parkanlagen des Philosophenweges. Die Thingstätte ist eine „große Freilichtbühne". Ebenso wurden zwei Klöster auf dem Heiligenberg gebaut, das waren einmal das Stephanskloster und das Michaelskloster. Und noch drei weitere Besonderheiten gibt es, die auch auf dem Berg gebaut wurden. Das war zum einen der keltische Ringwall, dieser umgab eine Siedlung auf dem Gipfel. Zum anderen der Bittersbrunnen, den ich schon erwähnt habe. Nach dem zweiten Weltkrieg blieben einige Bauteile des Brunnens erhalten. Jedoch wurde er durch einen Erdrutsch zerstört, aber 1980 wieder erbaut. Zu guter Letzt kommt das Haidenloch. Es war ein 55 m tiefes Loch, welches zu Römerzeiten angelegt wurde. Man geht von einer Zisterne oder einem Brunnenschacht aus.

Leinpfad in Heidelberg

Der Leinpfad ist eine ganz besondere Strecke in Heidelberg. Er liegt direkt nördlich am Neckar. Es ist ein kilometerlanger Weg, der gegenüber von der Altstadt liegt. Hier kann man wunderbar bei schönem Wetter spazieren gehen, bis die Sonne untergeht. Man kann sich den Leinpfad vorstellen wie eine typische Altstadtpromenade. Unzählige Radfahrer und Spaziergänger sind hier unterwegs. Das wäre zum Beispiel auch ein Ort für Hobbyfotografen, denn es gibt so viele schöne Plätze, wo man ganz besondere Schönheiten Heidelbergs festhalten kann. Der Weg ist schmal und gepflastert, teilweise läuft man aber auch über Kies und Sand. Das Schöne auf diesem Leinpfad ist das leise plätschernde Wasser, das direkt nebendran verläuft. Frische Luft kommt ins Gesicht geblasen. Wer gerne lange spazieren geht, hat entlang des ganzen Weges viele Möglichkeiten, Pausen zu machen. Alle paar Meter sind Holzbänke zu finden, die mit der Vorderseite Richtung Neckar stehen. Aber natürlich auch sehr viele Wiesen, wo man immer wieder ein Fleckchen zum Sitzen findet. Viele Leute nutzen die Wiese zum Picknicken, einige Studenten auch um an der frischen Luft Musik zu machen. Viele bringen ihre Gitarren mit und genießen den Moment entweder allein oder in einer Gruppe von Freunden – in vollen Zügen. Aber auch nach einem langen, stressigen Arbeitstag gibt es hier die Möglichkeit, einfach runterzukommen! Wer gerne liest oder in der Natur lernt, hat auch hier gute Möglichkeiten, ein Buch zu lesen oder Unterlagen und Laptop mitzubringen, um zu lernen. Sauerstoff fördert das Nachdenken!

Wenn man ziemlich weit Richtung Norden geht, kommt man zu den Bergen, in denen vereinzelt sehr große und schöne Villen stehen. Sie sind zwar in den Bergen versetzt, jedoch stehen sie trotzdem am Neckar und mit der Frontseite direkt Richtung Altstadt und Schloss gerichtet. Es ist eine wunderschöne Pracht.

Der Bismarckplatz

Ziemlich zentral von der Altstadt liegt der bekannte Bismarckplatz. Hier kreuzen viele Straßenbahnen und Busse. Der Bismarckplatz führt in alle Richtungen und kann aus allen Richtungen erreicht werden, denn rund um den gesamten Platz herum befinden sich Bergheimer Straße, Rohrbacher Straße, Hauptstraße, Sofienstraße, Bismarckstraße und die Theodor-Heuss-Brücke über dem Neckar. Über den Bismarckplatz erreicht man ganz schnell die Stadtmitte, in der man einige Restaurants und Einkaufsläden findet. Sie sind also mit Bus und Bahn sehr mobil.

Am 1. April 1875 wurde der Bismarckplatz nach dem Reichskanzler Otto von Bismarck benannt. Dies war übrigens der 60. Geburtstag von ihm. Er war der erste Kanzler Deutschlands. Ende der 1970er Jahre entstand der Bismarckplatz, so wie er heute vorzufinden ist. Vorher fuhr die Straßenbahn noch durch die Hauptstraße, doch das gefiel den Stadtmenschen nicht und daraufhin wurde die Straßenbahn aus der Hauptstraße verbannt. So wurde die Hauptstraße zu einer reinen Fußgängerzone. Im Übrigen ist sie eine der längsten Fußgängerzonen Europas.

Heidelberg ist schon seit vielen Jahren eine sehr

bekannte und beliebte Studentenstadt. Einige Universitäten wurden noch vor der Kriegszeit gegründet.

Vom Bismarckplatz können Sie die Altstadt, das Schloss und den Königsstuhl problemlos erreichen. Auch werden Ihnen vom Bismarckplatz aus zahlreiche andere Möglichkeiten geboten. Von hier aus können Sie Ihre Reise planen, wie und wohin Sie möchten. Auch der Bismarckplatz bietet eine klassische Rundreise. Ein paar Meter entfernt finden Sie eine Statue von Bismarck, nach dem dieser Platz benannt wurde. Da der Platz ziemlich neutral ist, bietet sich die Mitte natürlich wunderbar als Treffpunkt an. Der Vorteil ist, dass der Bismarckplatz aus allen Richtungen mit Straßenbahn oder Bus erreicht werden kann. Das ist auch ein Punkt, weshalb dieser Ort so berühmt ist.

Der Karlsplatz

Der Karlsplatz liegt, wie viele andere Sehenswürdigkeiten auch, an der Hauptstraße. Er wurde 1805 angelegt. Vorher stand an dieser Stelle das Franziskanerkloster. Genau in der Mitte des Karlsplatzes steht der Sebastian-Münster-Brunnen. Der Brunnen wurde nach dem Humanisten Sebastian Münster benannt. Er war Anfang des 16. Jahrhunderts lange im Franziskanerkloster aktiv. Vom Karlsplatz aus kann man das Schloss zu Fuß erreichen. Der Platz wurde nach einem Großherzog „Karl Friedrich" benannt. Dies war der letzte Kurfürst in der Pfalz. Bevor der Karlsplatz gegründet und neu benannt wurde, stand das besagte Franziskanerkloster auf diesem Platz. Direkt am Karlsplatz finden Sie auch die wissenschaftliche Akademie Heidelbergs und die zwei ältesten und bekanntesten Studentenlokale. Außerdem ist der Karlsplatz jährlich ein Teil des schönen Heidelberger Weihnachtsmarktes. Hier wird jedes Jahr die Eisbahn im Freien aufgestellt.

Der berühmte Königsstuhl

Der Königsstuhl ist der höchste Berg im kleinen Odenwald und befindet sich in der Altstadt Heidelbergs. Er liegt 400 Höhenmeter über dem Neckartal und wird von viel grüner Natur umgeben. Er liegt sehr mittig und ist somit leicht zu erreichen. Sowohl vom Schloss als auch vom Philosophenweg lässt sich der Königsstuhl schnell finden. Es gibt also mehrere Wege, die zu ihm führen. Die Ruhe und Abgrenzung von der Heidelberger Innenstadt gibt dem Königsstuhl seine Besonderheit. Besonders schön wird es bei der Abenddämmerung, wenn sich der Himmel in vielen Farben verändert. Sobald die Sonne untergegangen ist, funkelt und leuchtet die ganze Stadt. Einen besseren Ausblick als von so einer Höhe kann man sich gar nicht vorstellen. Es ist ein sehr romantischer Ort. Die Reiseführerin erzählt, wie sie ihren Heiratsantrag auf dem Königsstuhl bekommen hat. An einem wunderschönen Sommerabend hatte sie die Zeit mit ihrem Liebsten verbracht.

Sie haben sich beim Chinesen eine Nudel Box geholt und sind nichtsahnend auf den Königsstuhl gefahren. Für sie war es anfangs ein ganz normaler, vielleicht etwas besonderer Abend, aber sie ahnte nicht, was noch auf sie zukommen würde. Oben angekommen suchten sich die zwei ein freies Plätzchen auf einem Holzstamm, ihre Blicke auf ganz Heidelberg gerichtet. Sie fühlten sich beide sehr wohl und hatten Schmetterlinge im Bauch. Ein Gespräch nach dem anderen füllte den Abend, bis die Sonne unterging und die Stadt zu leuchten begann. Allmählich wurde es kälter und dunkler. Sie ahnte immer noch nichts aber genoss den Moment in vollen Zügen. Ihr Liebster merkte, dass sie anfing zu frieren und holte sehr heldenhaft eine Decke aus dem Auto und legte sie ihr über die Schultern. Nun kam der Höhepunkt des Tages. Ihre große Liebe holte eine Rakete aus dem Kofferraum, zündete sie an und fasste seine Liebe zu ihr in Worte. Nach seiner kurzen, aber sehr liebevollen und romantischen Rede fragte er sie nun: „Willst du mich heiraten?" Sie fiel aus allen Wolken. Es war der schönste Abend ihres Lebens!

Zum Königsstuhl gehören selbstverständlich auch die Bergbahnen Heidelbergs. Seit über hundert Jahren gibt es die elektrisch betriebenen Bahnen bereits. Sie zählen übrigens auch zu Heidelbergs beliebtesten Sehenswürdigkeiten. Es gibt mehrere Bahnen, die Sie an verschiedene Orte bringen. Bevor Sie überhaupt Ihr eigentliches Ziel erreicht haben, können Sie unterwegs schon einen wunderbaren Ausblick genießen.

Märchenparadies auf dem Königsstuhl

Oben auf dem Königsstuhl versteckt sich ein Märchenparadies für Kinder. Es ist ein Erlebnispark an der frischen Luft. Weit und breit keine Abgase und verdreckte Luft, denn das Märchenparadies befindet sich mitten in einem Waldgebiet. Eine spannende Welt für Kinder. Hier wird viel Action geboten. Von Achterbahnfahrten bis zur Kletterburg ist alles zu finden. Der Freizeitpark wird von diversen Märchengestalten, wie zum Beispiel Schneewittchen, Rumpelstilzchen usw. verschönert. Der Fantasie werden keine Grenzen gesetzt. Der Park hat insgesamt eine Fläche von 29.000 m².

Von der Stadtmitte aus erreichen Sie das Märchenparadies problemlos mit der Bergbahn und wenn Sie mit dem Auto hochfahren wollen, dann finden Sie kostenlose Parkplätze vor Ort.

Der Botanische Garten Heidelbergs

Der Botanische Garten in Heidelberg wurde 1593 gegründet und ist eine der ältesten Universitätseinrichtungen. Im Laufe der Zeit bekam er siebenmal einen neuen Standort. 1915 wurde er letztendlich das letzte Mal nach häufigen Erneuerungen eröffnet. Seitdem besteht der Garten im Neuenheimer Feld. Er besteht aus einer Sammlung zahlreicher Pflanzen, Bäumen und viel Gestrüpp. Hier befinden sich über 14.000 verschiedenste Pflanzenarten und diese werden unterschiedlich angebaut - einige in Gewächshäusern und andere in der freien Natur. Hier finden Sie fremde, aber auch einheimische Pflanzen, die Sie nie oder nur selten finden. Beim Durchlaufen des Gartens kommt einem eine wunderbare Pracht und eine frische, guttuende Luft entgegen. Viele bunte Farben lachen Sie an und werden Ihnen viel Freude bereiten. Es ist ein Plätzchen, an dem man sich wohlfühlen und entspannen kann. Der Botanische Garten wird an warmen Tagen sehr häufig von Touristen, aber auch von Einwohnern besucht.

Des Weiteren wird er heute zur Forschung angewandt. Dabei werden Pflanzen direkt aus dem Garten verwendet, erforscht und geprüft. Er wird also vorrangig für wissenschaftliche Zwecke genutzt. Wer die Natur und Pflanzen liebt, ist hier also genau richtig aufgehoben.

Das bekannte alte Heidelberger Schloss

Nun kommen wir zu der Sensation Heidelbergs – dem Schloss! Es wird auch als eine der berühmtesten Ruinen Deutschlands bezeichnet und wurde rund 400 Jahre gebaut, bis es endlich fertig war. Die Kurfürsten bauten im Laufe der Jahre immer mehrere Wohnpaläste hinzu. Das Heidelberger Schloss war vor der Zerstörung durch den Krieg „die Residenz der Kurfürsten". Fünf Jahrhunderte regierten hier Kurfürsten. Also war es schon damals ein sehr angesehenes Gebäude. Durch einige Angriffe wurde es aber leider 1689 und 1693 an mehreren Seiten zerstört. Danach wurde es nur teilweise wieder aufgebaut. Doch auch dann blieb es nicht verschont, denn 1764 wurde das Schloss durch Blitze in Brand gesetzt und wieder beschädigt. Danach hat man nie wieder versucht, das Schloss zu restaurieren. Demnach steht es bis heute noch so da, wie es damals beschädigt und zerstört wurde. Und genau das macht das Schloss so interessant! Heute ist es eines der anziehendsten Sehenswürdigkeiten Europas. Jeden Tag wird es von zahlreichen Besuchern betreten.

Mit viel Elan und Begeisterung wird es täglich besucht und bestaunt. An Bedeutung und Aufmerksamkeit hat es bis heute nicht verloren. Jedes Jahr gibt es verschiedene Aktionen, die direkt auf dem Schlossgelände stattfinden. Von Juli bis August werden Heidelberger Schlossfestspiele im Schlosshof organisiert. Zwischen Juni und September findet jedes Jahr eine wunderschöne Schlossbeleuchtung mit einem Feuerwerk statt. Dafür halten sich viele Gäste auf der alten Brücke schon rechtzeitig einen Platz frei, um das Feuerwerk direkt vor Augen zu haben. Im Dezember findet unter anderem auch der jährliche Weihnachtsmarkt auf dem Schloss statt. Es ist einer der schönsten Weihnachtsmärkte Deutschlands.

Von der ganzen Altstadt bis zum Schloss hoch gibt es bis zu 140 verschiedene Stände. Das Besondere des Heidelberger Weihnachtsmarktes sind die unterschiedlichen Aktionen. An verschiedenen Tagen gibt es Rabatte für bestimmte Personengruppen, an denen es sich lohnt, den Weihnachtsmarkt zu besuchen. Montags bekommen die Studenten überall einen preisreduzierten Glühwein. Donnerstags findet immer ein Familien- und Seniorentag statt, an dem für Kinder und Senioren vieles günstiger ist. Am Adventssamstag gibt es eine Besonderheit. Ab 18.30 Uhr findet eine „Weihnachtsmarktführung" statt. Da werden die Stände genauer erläutert, wo die angebotenen Waren hergestellt werden oder woher die Leute, die sie verkaufen, kommen. Wie Sie lesen, gibt es also auf dem Heidelberger Weihnachtsmarkt ganz besondere Möglichkeiten und viele schöne Dinge zu sehen, die Sie vielleicht sonst nicht auf anderen Märkten finden.

Weiter geht es zum Schlossgelände:

Bevor man sich in den Schlossinnenhof begibt, kommen Sie erst einmal auf den Vorhof des Schlosses. Es ist ein Teil zwischen Haupttor und Fürstenbrunnen. Jeder Kurfürst ließ zur damaligen Zeit einen eigenen

Residenzbau errichten. Somit gab es eben mehrere Abteilungen auf dem Schloss. Außerdem ist hier noch das Elisabethentor zum Stückgarten und die wunderschöne große Gartenanlage sowie die Scheffelterrasse. Das Tor war ein Auftrag von Friedrich V. an den Baumeister Salomon de Caus. Es wurde für seine Ehefrau Elisabeth erbaut.

Das Ganze geschah im 17. Jahrhundert und nach ihr wurde das Tor schließlich benannt. Der eigentliche Gedanke von Friedrich war, dass dieses Tor als Geburtstagsgeschenk über Nacht gebaut werden sollte. Friedrich ließ 1612 bis 1614 den Palast für seine englische Braut (Elisabeth) errichten. Daher der Name des Gebäudeteils „Englischer Bau". Er wollte ihr einen Wohnpalast in der Heidelberger Residenz bieten. Schließlich sollte sie sich ja in Deutschland auch wohlfühlen. Friedrich war nichts zu schade, um seine heiß geliebte Braut zu verwöhnen und ihr in allen Bereichen das Beste zu schenken. Vom Stückgarten aus kann man den Englischen Bau wunderbar betrachten. Der Bau ist trapezförmig gebaut. Von der Terrasse aus hat man einen wunderschönen Ausblick auf die Stadt und den quer durchlaufenden Neckar. Im Schlossgarten gibt es eine wunderschöne kleine Allee, die zum Englischen Bau geführt hat. Die Schlossterrasse war damals eine sogenannte „geborstene Mauerschale des Rondells". Das Rondell war der Unterbau des dicken Turms. Es hatte fünf Geschosse. Das sind die letzten Erinnerungen an die alte Befestigung. Wie man also sieht, ist das Schloss riesig und hat viele schöne Plätze, an denen man sich wunderbar erholen kann.

Beim Spazieren gehen auf dem Schlossgelände finden Sie interessante Dinge, so zum Beispiel Kerker, in denen Leute gefangen genommen wurden. Sie können das Schloss sowohl von außen als auch von innen durchlaufen. Allerdings kostet der Eintritt ins Schloss etwas. Draußen können Sie jederzeit kostenlos verweilen. Auch heute noch wird das Schloss abends bei Dämmerung bewacht, um Anschläge und sonstige Beschädigungen zu vermeiden. Mit starken Scheinwerfern wird es beleuchtet, um das ganze Gebäude rundum im Blick zu haben.

Das Schloss wurde unterteilt in mehrere Festsäle. Darunter zählen der Repräsentationsraum, der gläserne Saalbau, der Kaisersaal im Ottheinrichsbau und der Rittersaal im Erdgeschoss. Im Repräsentationsraum befand sich das Frauenzimmer. In diesem

Raum wurde täglich gegessen. Dies war der erste große Festsaal. Eine bestimmte Zeit später wurde im gläsernen Bau der Ottheinrichsbau gegründet. In dem gläsernen Saalbau wurde eine moderne Residenz gegründet. Auch in diesem Bau befand sich ein Festsaal.

Der Ottheinrichsbau ist der bekannteste Gebäudeteil des Schlosses. In diesem Gebäude befanden sich alle Wohnräume. Außerdem noch ein Audienzzimmer und ein Festsaal. Zu den ältesten Bauteilen gehört der Rittersaal. Viele erworbene Wappen dekorieren die Wände des Saals. Der neu errichtete Saalbau erlitt 1764 einen großen Schaden. In diesem Jahr gab es einen Feuersturm, welcher das Dach dieses Saalbaus abriss. Direkt neben dem gläsernen Saalbau befindet sich ein Glockenturm mit acht Ecken. Mehrere Kurfürsten erbauten diesen Glockenturm. Heute wird er als Aussichtsturm genutzt. Natürlich musste er innerhalb der vielen Jahre schon einige Male restauriert werden. Durch mehrmalige Verstärkungen des Turms ist er heute ziemlich gesichert.

Vor vielen Jahren lebte die Familie Ihrer Reiseführerin im Heidelberger Schloss. Das Leben im

Schloss war bei Weitem nicht mit dem heutigen Leben in normal bürgerlichen Zuständen zu vergleichen. Alles hatte seine Ordnung. Das Schloss war stets befüllt mit vielen Leuten. Für alle Bereiche gab es Dienstleute, die die Familie auf dem Schloss beschützten und versorgten. Denn ein Angriff auf solch ein Schloss war nie auszuschließen. Schließlich lebte ja eine reiche Familie darin. Aus diesem Grund gab es zur damaligen Zeit rundum Wächter und Aufseher, die 24 Stunden das Schloss bewachten und beschützten. Nur so war die Familie sicher.

Um leicht und unkompliziert von A nach B zu kommen, hatte das Schloss seine eigenen Pferde mit einer Kutsche. Zur damaligen Zeit beschlug der Schmied die Pferde. Außerdem stellte er aus dem Material, das ihm zur Verfügung stand, Waffen für den Fall eines Angriffes her und reparierte kaputtes Werkzeug. Jedes Wochenende gab es einen großen Markt in der Altstadt. Dort haben die Schlossbewohner viele frische Lebensmittel gekauft und alles, was sie sonst noch zum Leben und Arbeiten benötigten. Für den Winter wurde rechtzeitig viel Wolle besorgt, denn die Kleidung von der Prinzessin, dem König und der Königin wurde von Mägden handgefertigt.

Um das Schloss sauber und gepflegt zu halten, gab es auch für die Hof- und Gartenarbeit eigene Dienstleute, die regelmäßig an die Arbeit gingen. Da das Schloss nicht gerade klein war und viele Plätze besaß, hatten sie dementsprechend auch viele Arbeiter, die Angestellte der Schlossfamilie waren und das Schloss hegten und pflegten. Zu den Arbeitern zählten Küchenmeister und Küchenpersonal, es gab Knechte, die für alle Bereiche in der Natur, wie zum Beispiel die Felder, Weinberge und Wälder zuständig waren. Auf dem Schloss lebte nicht nur die Familie allein, sondern alle Verwandten der Königsfamilie, auch Angeheiratete. Für Reparaturen waren Handwerker, Schmiede, Steinmetze und Zimmermänner vor Ort. Für absolut jeden Bereich wurde also vorgesorgt, damit die Schlossbewohner nicht in Verlegenheit gerieten.

Jeden Sonntag, an dem die Arbeit für die Woche erledigt war, kamen alle Schlossbewohner zusammen und pflegten die Gemeinschaft mit einem großen Festessen. Es war jede Woche etwas ganz Besonderes und alle arbeiteten und freuten sich darauf. Bis zum Abend saßen sie bei gutem Wetter auf der Schlossterrasse und anschließend im wunderschönen, blühenden Garten und bei schlechtem Wetter in der Schlosshalle, wo genug Platz für alle Gäste war. Für diesen besonderen Tag in der Woche machten sich alle schick, wobei sie jeden Tag gepflegt aussehen sollten. Die Frauen trugen sehr außergewöhnliche, aufwändige Frisuren und jeden Tag eines ihrer schönsten Kleider und die passenden Schuhe dazu. Die Männer trugen ebenso täglich festliche Kleidung. Denn die Pflege und das Aussehen spielten bei der Königsfamilie natürlich immer eine sehr große Rolle. Schließlich mussten sie ja ein gutes Bild abgeben, besonders wenn sie in der Stadt waren. Sobald auch nur ein Fleck auf den Kleidungsstücken zu sehen war, musste sich sofort umgezogen werden.

Auf dem Schloss wurde es nie langweilig. Jede Woche erlebten die Schlossbewohner irgendetwas Neues und an manchen Tagen Spannendes und an anderen Tagen auch Trauriges. Das Leben schien auf dem Schloss problemlos gewesen zu sein, doch das war es nicht. Auch im damaligen Königreich gab es viele Schwierigkeiten und Probleme, aber für jedes Problem musste schnell eine Lösung her. Der Alltag auf dem Schloss war hart. Die Bewohner nahmen vieles auf sich. Die Schlossbewohner standen bei Sonnenaufgang auf und arbeiteten, bis die Sonne wieder unterging. Ein normaler Arbeitstag bei diesen Leuten dauerte also mehr als „nur" acht Stunden. Dennoch gab es natürlich auch schöne Momente, die der Königsfamilie immer in Erinnerung blieb. Die Schlossfeste wurden in ganz besonderer Art gefeiert. Es wurde natürlich immer viel Wert auf Qualität gelegt. Besonders bei den Mahlzeiten. Für das Wohlergehen waren die Schlossbewohner natürlich sehr dankbar.

Nun geht die Reise langsam dem Ende zu. Ich hoffe, Sie hatten eine erlebnisreiche Reise durch Heidelberg und schauen mal vorbei. Sie haben viele Eindrücke von Heidelberg bekommen, viel gelesen, gehört und einiges durch die Erzählungen miterlebt. Ich hoffe, dass die Reise auch Ihnen in schöner Erinnerung bleiben wird und dass Sie es nicht bereut haben. Vielleicht gibt es sogar Dinge, die Sie ganz besonders durch die Schlossgeschichte auch in Ihrem eigenen Alltagsleben anwenden können und dem ein oder anderen mit auf den Weg geben können.

Packliste

Geld & Finanzen

O (evtl.) Auslandswährung
O Bargeld
O Bauchtasche
O Brustbeutel
O Bauchtasche
O EC-Karte
O Kreditkarte
O Notfall-Telefonnummern der Banken
O Portmonee

Hygiene

O Haarbürste / Kamm
O Deo (klein)
O Shampoo
O Kulturtasche
O Sonnencreme
O Taschentücher

O Reise-Zahnbürste und Zahnpasta
O Verhütungsmittel

Kleidung

O Badeklamotten
O Gürtel
O Hosen kurz / lang
O Mütze / Cap / Hut
O Pullover
O Regenjacke
O Schlafanzug
O Socken
O Sonnenbrille
O Sportklamotten / Jogginghose
O T-Shirts
O Unterwäsche

Medikamente

O Blasenpflaster
O Anti-Durchfalltabletten
O Erste-Hilfe-Set

O Fiebertabletten

O Fiebertabletten

O Mückenschutz

O sonstige Medikamente

O Pflaster

O Kopfschmerztabletten

Unterlagen & Papiere

O ADAC Unterlagen

O Adresslisten für Postkarten

O Krankversicherungsnachweis

O Stadtplan

O Führerschein

O Unterlagen für die Unterkunft

O Wasserdichte Hülle für Reiseunterlagen

O Impfausweis

O Mietwagenunterlagen

O Personalausweis

O Reisepass

O Reisetagebuch

O evtl. Studentenausweis

O evtl. Visum
O Zug- / Bahn- / Flugticket

Taschen & Rucksäcke

O Koffer / Trolley / Reisetasche
O Regenhülle für Rucksack
O Rucksack

Schuhe

O Badeschlappen / Hausschuhe
O Schuhe und Wechselschuhe

Sonstiges

O Brille / Kontaktlinsen und Etui
O Buch zum Lesen
O Ohrenstöpsel und Schlafmaske
O Regenschirm
O Reisedecke
O Wasserflasche
O Wörterbuch

Elektronik

O Digitalkamera
O Handy
O Ladekabel
O Kopfhörer
O evtl. Steckdosenadapter
O Power-Bank

Herstellung und Verlag:

BoD – Books on Demand, Norderstedt

ISBN: 9783750481329

1. Auflage

Kontakt: Psiana eCom UG/ Berumer Str. 44/ 26844 Jemgum

Covergestaltung: Fenna Larsson

Coverfoto: depositphotos.com